Tunnels De Vente Sociaux:
Gagner De L'Argent Sur Internet Et Devenir Riche Aujourd'hui Après L'Explosion Des Réseaux Sociaux (Facebook, Twitter...) et Youtube.

TABLE DES MATIÈRES

INTRODUCTION. 5

MODULE #1: PRINCIPES DE BASE D'UN TUNNEL DE VENTE QUI CONVERTI AUJOURD'HUI. 10

Définition et but de votre nouveau tunnel de vente.................11

Les trois "fils rouges" pour créer un lien solide avec vos prospects. 13

L'importance des "modes multiples" pour s'adresser au prospect dans son langage...16

Les trois principes clés pour avoir le tunnel de vente le plus puissant possible. 17

MODULE #2: LES 17 MEILLEURES RESSOURCES À UTILISER POUR CONSTRUIRE VOTRE TUNNEL DE VENTE SOCIAL. 27

1- Email - Autorépondeur. 28

2- Facebook. 30

3- Twitter. 31

4- Linkedin. 32

5- Youtube. 33

6- Blogs 34

7- Webinaires et transcripts. 35

8- Droits de label privé. 36

9- Citations dans des emails. 37

10- Citations célèbres provenant des figures d'autorité de vos prospects idéaux. 39

11- Curation d'articles. 40

12- Votre propre contenu. 41

13- Le "meilleur du message". 42

14- Cadeaux gratuits. 43

15- Checklists. 44

16- Rapport de type "Qu'est ce que". 45

17- Rapport de type "Comment". 46

Action: Sélectionnez votre liste de ressources. 47

MODULE #3: LA STRUCTURE EN TROIS PILIERS DE VOTRE TUNNEL DE VENTE SOCIAL. 48

La structure en trois piliers. 49

Pilier n°1 : capturer. 50

Pilier n°2 : convaincre. 53

Pilier n°3: convertir. 63

MODULE #4: LE PROCESSUS EN 6 ÉTAPES POUR CONSTRUIRE VOTRE TUNNEL DE VENTE SOCIAL. 66

Etape 1 : créez votre cadeau gratuit. 67

Etape 2 : créez votre page de capture. 70

Etape 3 : créez vos messages de follow-up pour votre contenu de base. 73

Etape 4 : créez une série d'engagement pour votre produit. 75

Etape 5 : créez une série d'élévation. 77

Etape 6 : créez des cadeaux gratuits, des pages de capture et des séries d'engagement pour tous les produits que vous voulez vendre. ..80

Les trois objectifs majeurs qui expliquent pourquoi votre tunnel de vente social converti si bien aujourd'hui. 83

CONCLUSION. 87

A PROPOS DE L'AUTEUR. 89

CRÉATIONS DU MÊME AUTEUR. 90

INTRODUCTION.

Bienvenue dans cette formation qui va vous permettre de créer des tunnels de vente pour votre business Internet de la nouvelle manière, telle qu'elle fonctionne aujourd'hui dans l'ère ou les réseaux sociaux règnent en maîtres.

Ce nouveau type de tunnel va vous permettre d'obtenir des taux de conversion qui cartonnent et qui n'ont plus rien à voir avec ce qu'obtient actuellement la très grosse majorité des marketeurs en ligne.

En effet, l'explosion des réseaux sociaux (Facebook, Twitter...) et des sites de vidéo en ligne comme Youtube ont modifié profondément les habitudes et comportements des gens sur Internet qui se positionnent désormais comme des consommateurs de contenu.

Aujourd'hui pour réussir en ligne, vous devez parler à vos prospects de la manière dont ils veulent que vous leur parliez.

Vous devez utiliser leur propre langage et leur parler de ce qu'ils veulent, et non pas des raisons pour lesquelles vous voulez qu'ils achètent votre produit, ce qui constitue un changement énorme et radical dans la manière dont les choses sont marketées en ligne.

Ainsi, les tunnels de vente où vous bombardiez vos prospects d'emails leur prouvant que votre produit est le meilleur pour eux fonctionnaient à merveille il y a encore quelques années, mais ne convertissent plus ou presque plus aujourd'hui. Demain, ils seront complètement morts.

D'ailleurs, c'est la raison pour laquelle il devient de plus en plus difficile actuellement de rentrer dans ses frais de publicité et de vraiment gagner de l'argent sur Internet en utilisant ce genre de tunnels de vente.

Désormais pour vendre sur Internet, vous devez aller au delà de ces types d'emails qui ne sont plus suffisants.

Vous devez créer un nouveau type de tunnel de vente qui vous permette de garder vos prospects engagés, afin qu'ils apprennent à vous connaître, à vous aimer, et finalement à acheter chez vous.

Car une fois qu'ils ont acheté n'importe quel produit chez vous, ils ont dix à vingt fois plus de chances de racheter chez vous à nouveau, et de vous recommander à leurs amis.

Et devinez à quel endroit ils vous recommandent ? Sur les réseaux sociaux.

C'est la raison pour laquelle les tunnels de vente sociaux sont si importants.

Pour vous, ça signifie du trafic gratuit. Lorsqu'ils vous recommandent à leurs amis, ça ne vous coûte rien.

C'est une chose naturelle que vos clients font spontanément sans avoir à se forcer, et vous bénéficiez ainsi du meilleur type de trafic au monde qui est le bouche à oreille.

Il n'y a en effet rien de plus puissant que quand un collègue ou un ami vous dit : *"Je viens juste de voir ce film et je l'ai adoré. Je pense que tu l'aimeras aussi"*.

Vous irez alors certainement voir ce film vous aussi. C'est exactement la même chose qui se passe avec les produits que les gens achètent sur Internet.

Cette méthode va vous montrer en quatre modules comment faire pour que ceci se produise pour votre business.

Voici le contenu de ces quatre modules:

Module #1
A la fin du premier module, vous aurez vu tout d'abord une définition et le but du tunnel de vente particulier que vous allez réaliser ici.

Vous connaîtrez ensuite les trois manières de créer un lien commun avec vos prospects, qui est une sorte de "fil rouge" qui va vous permettre de vous relier solidement à eux.

Vous comprendrez aussi l'importance d'utiliser des modes multiples pour vous adresser à vos prospects.

Enfin, vous connaîtrez les trois principes clés que doit posséder un tunnel de vente pour fonctionner aujourd'hui.

Module #2
Dès la fin du module 2, vous aurez rassemblé, tel un chef étoilé qui rassemble ses meilleurs ingrédients avant de

préparer un plat, tous les ingrédients et toutes les ressources nécessaires à la construction de votre tunnel de vente.

Vous connaîtrez pas moins de 17 des meilleures ressources qui existent et pourrez choisir librement parmi celles que vous préférez.

Module #3
A la fin du troisième module, vous aurez une vision d'ensemble de la construction de votre tunnel de vente.

Vous connaîtrez les trois piliers de sa structure qui vous permettront de bâtir un business en ligne d'une puissance incroyable.

Vous connaîtrez ainsi la démarche exacte pour capturer vos prospects, les convaincre, et enfin les convertir en clients récurrents, en amis, et en vrais ambassadeurs de vos produits.

Module #4
Lorsque vous aurez terminé le module 4, vous maîtriserez le processus en six étapes qui vous permettra de bâtir votre tunnel de vente social.

A la fin de ce module, votre tunnel de vente sera donc totalement créé et prêt à être utilisé.

Vous saurez notamment comment facilement créer un cadeau irrésistible pour captiver vos prospects, ou la formule exacte pour créer une page de capture qui vous donnera des taux de conversion exceptionnels, basée sur les standards qui fonctionnent aujourd'hui des leaders en marketing Internet mais aussi des autres industries en ligne.

A terme, vous serez en mesure de créer des tunnels de vente sociaux facilement et rapidement, pour n'importe quel produit et n'importe quelle niche.

Vous verrez pour chaque tunnel vos ventes décoller et obtiendrez des résultats qui n'auront certainement plus rien à voir avec ce que vous obtenez actuellement.

Et la beauté de la chose, c'est qu'une fois que vous connaîtrez la procédure de création, vous pourrez créer autant de tunnels de vente sociaux que vous le souhaitez, et même le proposer en service.

Commençons tout de suite la construction de votre tunnel de vente avec le module 1 en page suivante.

MODULE #1: PRINCIPES DE BASE D'UN TUNNEL DE VENTE QUI CONVERTI AUJOURD'HUI.

A la fin de ce module, vous aurez une définition claire et précise et connaîtrez le but de votre tunnel de vente.

Vous connaîtrez également les trois facteurs qui vont vous permettre de créer un lien solide avec vos prospects.

Vous aurez aussi compris l'importance de s'adresser à vos prospects avec des modes de communication multiples afin de maintenir leur intérêt et leur engagement.

Enfin, vous connaîtrez les trois principes clés à respecter à tout prix et qui vont vous permettre de construire le tunnel de vente le plus puissant possible.

Définition et but de votre nouveau tunnel de vente.

Un tunnel de vente correspond aux différentes étapes d'un processus de vente d'une entreprise, et dans le cas présent votre entreprise est votre business sur Internet.

Plus le prospect est haut dans votre tunnel, et plus les chances de conversion sont faibles, c'est-à-dire les chances de le transformer en client. A l'inverse, plus votre prospect est bas dans le tunnel, plus les chances de conversion sont hautes.

Le but de votre tunnel de vente est simple. Il va consister à aider votre prospect idéal à aller de là où il se trouve actuellement vers là où il veut être.

Ainsi, cela suppose donc bien entendu que vous ayez déjà une bonne connaissance de votre marché de niche et surtout de votre prospect idéal.

Si par exemple vous vendez des cannes à pêche en ligne, vous n'allez bien évidemment pas vous adresser à quelqu'un qui a horreur de la pêche ou qui a une phobie de l'eau. De la même manière, si vous proposez une solution pour arrêter de fumer, vous n'allez pas vous adresser aux gens qui ne fument pas.

Vous devez donc au préalable connaître un maximum de choses sur votre prospect idéal afin de construire un tunnel de vente sur mesure pour lui. Vous devez connaître la situation dans laquelle il se trouve actuellement, ce vers quoi il a envie de tendre, ainsi que les problèmes qui l'empêchent d'atteindre ses objectifs.

N'oubliez pas que le seul but de votre tunnel de vente va être de l'aider à se déplacer de l'état ou la situation dans laquelle il se trouve, pour aller vers l'état ou la situation finale dans laquelle il veut être.

Ceci inclut de donner à votre prospect de l'information ou des produits qui pourront être soit gratuits, soit payants, soit les deux à la fois, selon la manière dont vous voudrez créer votre système car vous aurez une flexibilité complète pour le faire.

Vous verrez que la construction de votre tunnel de vente sera très simple et vous serez peut-être même surpris de sa simplicité.

Vous pourrez pour ça utiliser une grande variété de méthodes pour garder les prospects engagés et en faire le suivi, et vous n'aurez qu'à choisir celles qui vous correspondent le mieux et que vous préférez.

Vous pouvez également toujours modifier votre tunnel de vente à n'importe quel moment, même quand celui-ci sera actif en ligne, ou simplement le laisser convertir vos prospects en clients récurrents de manière totalement automatique, sans que vous ayez besoin d'intervenir.

Les trois "fils rouges" pour créer un lien solide avec vos prospects.

Vous allez vouloir établir grâce à votre tunnel de vente un lien commun avec vos prospects aussi souvent que possible. C'est très important car ça va vous permettre de créer une relation solide avec vos prospects, et vous pouvez utiliser pour ça trois "fils rouges" :

1- Qu'est ce qui les motive ?

Qu'est ce qui motive profondément vos prospects idéaux : veulent-ils gagner de l'argent ? Economiser de l'argent ? Veulent-ils se sentir en sécurité ? Veulent-ils rencontrer leur âme soeur ?

Trouvez ce qui les motive, ce qu'ils veulent à tout prix, ce qui les fait vibrer.

2- Quels problèmes ont-ils ?

Quels sont les challenges et difficultés qu'ils rencontrent ? Quels sont les problèmes qui les empêchent d'aller de là où ils sont actuellement vers là où ils veulent être ?

C'est très important de savoir ça, car c'est en résolvant ces problèmes par vos produits que vous ferez vos ventes.

3- Quelles sont leurs autorités et références ?

C'est une question très importante qui est pourtant souvent survolée.

Ainsi, plus vous resterez près de ces trois facteurs, de ces trois "fils rouges" lorsque vous créerez votre tunnel de vente, mieux ça sera.

En effet, ce que vous voulez faire, c'est de faire correspondre au mieux ce que vous envoyez à vos prospects avec ce que vous connaissez déjà à propos d'eux.

Par exemple, si Steve Jobs est une autorité et une référence pour eux, alors vous voudrez y faire référence par exemple en faisant des articles de curation (processus qui consiste à emprunter éthiquement une petite partie d'un contenu créé par une autre personne et de commenter et dire pourquoi vous aimez ce contenu) dans vos séries de follow-up (suivi de vos prospects par des séquences d'emails envoyées à de périodes régulières).

De cette manière, vous créez une crédibilité instantanée, et même de l'autorité, car votre prospect pense alors :

"Ah, lui aussi aime Steve Jobs !"

Et ça va permettre de créer un lien commun avec votre prospect, qui a une très grande valeur.

Il en est de même pour leurs problèmes et motivations.

Ainsi, vous voudrez établir un lien commun aussi souvent que vous le pouvez.

Donc si vous envoyez des messages de follow-up à vos prospects, partagez des Tweets ou une vidéo de Youtube avec eux, leur envoyez un petit guide gratuit qui leur montre que vous ressentez leur difficultés et souffrances, que vous comprenez d'où elles viennent, que vous avez vous aussi eu ces problèmes et les avez surmontés, que vous comprenez ce qui les motive et les fait vibrer, alors vous créez autant d'occasions d'établir ce lien commun devenu indispensable aujourd'hui.

En effet, en établissant ce lien commun aussi souvent que possible, ils se disent intérieurement :

"Ah, cette personne est comme moi !"

Alors, ils se relaxent et commencent à vous croire. Vous devenez crédible à leurs yeux -et c'est une chose capitale-, car vous ne faites rien d'autre que les aider tout au long de votre tunnel de vente.

Vous leur fournissez du contenu utile, et donnez sans aucune attente de recevoir en retour.

Un principe de réciprocité va alors s'enclencher avec vos prospects qui vont avoir envie de vous rendre la pareille, par exemple en s'inscrivant à vos listes d'emails, en achetant vos produits, ou en vous recommandant à leurs amis, ce qui est le but final d'un tunnel de vente social.

Ainsi, cherchez à établir un lien commun aussi souvent que possible, en utilisant les trois fils rouges vus précédemment. On utilisera ce type de techniques tout au long de votre tunnel de vente.

L'importance des "modes multiples" pour s'adresser au prospect dans son langage.

Ces deux mots "modes multiples" qui peuvent sembler compliqués signifient simplement que vous devez donner à vos prospects votre contenu en vous adressant à eux dans le type de langage qu'ils veulent.

Par exemple, certains aiment lire des articles, d'autres regarder des vidéos, d'autres encore écouter des podcasts ou assister à des webinaires.

Il est très important de mixer des choses de ces diverses catégories dans votre tunnel de vente.

Il n'est cependant pas indispensable d'utiliser forcément tous ces différents formats pour réussir, mais inclure un maximum d'entre eux va donner à vos prospects une diversité qui va vous permettre de les divertir, les informer et les courtiser, sans risquer de les ennuyer ou leur faire perdre leur intérêt en utilisant un format qu'ils n'apprécient pas.

Ainsi, inclure un maximum de modes de communication vous place juste dans le meilleur scénario possible.

Les trois principes clés pour avoir le tunnel de vente le plus puissant possible.

Tout business qui réussi repose sur des principes que nous reconnaissons lorsqu'on les voit : avoir produits de qualité, un support client efficace, le meilleur prix possible, mettre le client en première position etc.

De la même manière, vos tunnels de vente ont besoin de principes.

Voici trois principe clés à connaître qui vont vous permettre de bâtir le tunnel de vente le plus puissant possible.

Principe clé n°1: L'Engagement.

Ce que vous allez chercher à faire est d'engager les gens avec votre contenu de plein de différentes manières.

Vous ne voulez pas qu'ils lisent seulement les emails que vous leur envoyez, mais également qu'ils fassent les actions que vous leur demandez de faire.

Le temps où vous envoyiez des séquences d'emails avec pour seul contenu des incitations à acheter votre produit est révolu et ne fonctionne plus.

Aujourd'hui, les prospects veulent quelque chose de plus, de différent. Et vous voulez qu'ils s'engagent avec les différents contenus que vous allez leur donner.

Pour les faire s'engager, vous allez donc chercher à les faire "rebondir" sur vos différents contenus en les faisant cliquer sur vos liens, afin qu'ils rebondissent d'un contenu à un autre.

Par exemple, vous pouvez leur envoyer un email en leur disant : *"Voici une vidéo intéressante qui m'a permis de résoudre tel problème"*, puis mettre un lien vers une vidéo de votre chaîne Youtube.

Ça peut être aussi le fait de les faire cliquer sur un lien pour télécharger un guide PDF, ou encore pour répondre à un sondage.

Votre tunnel de vente va ainsi les faire s'engager petit à petit en les incitant à faire de toutes petites actions.

Ce que vous ne voulez plus, c'est leur envoyer des liens qui mènent directement à votre page de vente, car ce genre de chose ne marche plus.

Au contraire, vous voulez qu'ils cliquent sur vos liens pour aller vers quelque chose qui les aide, pour que petit à petit ils commencent à vous aimer, à vous croire, et à acheter vos produits.

Nous allons voir à la page suivante les trois principaux moyens pour faire les prospects s'engager.

Les 3 principaux moyens pour engager vos prospects.

Ces trois moyens principaux pour engager les prospects sont de les faire :

1- Cliquer sur des liens.

2- Vous suivre (par exemple les fameux "j'aime" sur Facebook ou les "s'abonner" sur Youtube).

3- Répondre aux emails.

Le but est de pousser les gens à faire des actions spécifiques et de faire des micro-engagements. Par exemple, vous allez leur demander de remplir un sondage, de répondre par oui ou non à votre email pour savoir s'ils sont d'accord ou pas ou s'ils veulent tel ou tel cadeau, d'aller sur une page et remplir un formulaire d'opt-in (formulaire où ils indiquent au minimum leur adresse email et qui les inscrit sur votre liste d'emailing) etc.

L'avantage de les faire faire des micro-engagements est que ça ne leur coûte absolument rien, mais ça leur fait faire tout de même une action qui va vous montrer s'ils ont un intérêt croissant pour ce que vous leur proposez.

De plus, plus vous réussirez à leur faire faire d'actions, et plus vous améliorerez la délivrabilité de vos emails (car les compagnies d'autorépondeurs prennent en compte les interactions des prospects avec les messages que vous envoyez).

Ainsi, si les prospects reçoivent toujours juste le même lien vers la même lettre de vente, alors ils vont commencer à ignorer vos messages et votre taux de délivrabilité va en souffrir (la délivrabilité est le fait que vos prospects reçoivent vos emails en temps et en heure).

C'est la raison pour laquelle il faut offrir à vos prospects une grande quantité de choses différentes qui vont les aider, afin qu'ils vous aiment, que vous deveniez crédible à leur yeux, et qu'ils achètent vos produits.

Principe clé n°2: L'Autorité.

Rassurez-vous si vous n'êtes pas une figure d'autorité dans votre thématique : vous n'avez pas besoin de l'être pour réussir.

D'ailleurs, la plupart des gens qui réussissent sur Internet ne le sont pas.

En revanche, vous pouvez emprunter l'autorité des autres pour créer votre propre figure d'autorité.

Pour ça, il existe deux moyens :

La preuve sociale.

Le premier moyen est la preuve sociale. Elle permet de prouver que le produit dont vous faites la promotion fonctionne pour d'autres personnes.

D'ailleurs beaucoup de gens se trouvent bloqués pour faire la promotion d'un produit car ils se disent :

"Je veux promouvoir ce produit mais je ne l'ai pas vraiment utilisé suffisamment longtemps pour réussir avec car ça me prend trop de temps. Dois-je attendre de réussir avec avant d'en faire la promotion ?"

La réponse est non, vous n'avez pas besoin d'attendre pour en faire la promotion. En effet, si le produit fonctionne pour d'autres personnes, alors c'est une preuve sociale suffisante pour vendre le produit.

Evidemment, c'est encore mieux si vous pouvez livrer votre propre réussite avec le produit, mais si ce n'est pas possible, vous pouvez très bien utiliser les témoignages et commentaires d'utilisateurs satisfaits trouvés sur les blogs, les forums ou les réseaux sociaux. Ce sont autant de preuves sociales à incorporer dans votre tunnel de vente qui vont vous permettre de créer votre propre autorité.

Le contenu.

Le deuxième moyen est le contenu. Le contenu est très important pour créer votre propre figure d'autorité, car c'est le contenu qui aujourd'hui vend des produits, et non plus les publicités et autres méthodes hyper promotionnelles.

En effet, le prospect aujourd'hui est devenu beaucoup plus un consommateur de contenu, ce qui explique aussi pourquoi les réseaux sociaux sont devenus si populaires car les gens veulent à la fois des connexions avec d'autres personnes et aussi du contenu.

Et quand on y pense, pourquoi va-t-on la plupart du temps sur Internet ? Tout simplement pour avoir des réponses en consommant du contenu. C'est vraiment le contenu qui aujourd'hui vend les produits.

Cela dit, vous n'avez pas besoin de créer vous-mêmes le contenu. Vous pouvez très bien utiliser le contenu d'autres personnes à votre avantage, en fournissant des petites parties de leur contenu aux personnes inscrites à votre liste.

Ainsi, vous pouvez en profiter pour citer stratégiquement le nom des personnes à qui vous empruntez votre contenu, ce qui va créer une forte preuve d'autorité qui va jouer à votre avantage.

Par exemple, si vous vendez des chaussures de foot et que vous dites : *"ces chaussures m'ont permis d'améliorer ma vitesse de pointe"*, ça a un effet.

Mais quand vous dites : *"Zinedine Zidane a dit que ces chaussures avaient amélioré sa vitesse de pointe"*, ça prend un tout autre effet.

En citant son nom, on emprunte en fait l'autorité de la personne, et ça donne un effet très puissant.

Principe clé n°3: Votre but ultime est de vendre un produit très spécifique.

Même si on a évoqué dans les pages précédentes de nombreux mécanismes pour mettre en place votre tunnel de vente qui ne réalisent pas directement la vente, vous devez toujours garder à l'esprit que votre but ultime est de vendre un produit très spécifique.

Ceci termine le premier module.

Vous avez maintenant une vision précise du but de votre tunnel de vente, et vous connaissez les trois facteurs qui vont vous permettre de créer un lien commun et construire une relation solide avec vos prospects.

Vous savez aussi qu'il vous faut utiliser des modes de communication dans des formats multiples pour mettre toutes les chances de votre côté pour maintenir les prospects captivés et engagés.

Enfin, vous connaissez les trois principes clés pour construire le tunnel de vente le plus puissant possible.

Ce qu'il faut savoir pour les modules suivants, c'est que l'email va être la fondation sur laquelle vous allez construire votre tunnel de vente.

Mais on ne va pas s'arrêter seulement à l'email car ce n'est pas ici une formation sur l'email marketing.

Ainsi, ce que nous allons faire dans le deuxième module est de regarder et choisir les ressources que vous allez pouvoir utiliser dans votre tunnel de vente.

MODULE #2: LES 17 MEILLEURES RESSOURCES À UTILISER POUR CONSTRUIRE VOTRE TUNNEL DE VENTE SOCIAL.

Au terme de ce module, vous aurez découvert 17 types de ressources différents que vous pourrez utiliser pour construire votre tunnel de vente et vos séries de follow-up.

Notez que vous n'avez pas besoin d'utiliser toutes ces ressources. Vous avez juste besoin d'en sélectionner cinq ou plus, mais cinq au minimum parmi les 17, selon celles que vous préférez et dans lesquelles vous vous sentez le plus à l'aise.

Rappelez-vous de l'importance du concept des modes multiples. Vous devez parler aux gens en utilisant leur propre langage. Pour ça, il est capital d'utiliser une variété de types de contenu afin que tout le monde s'y retrouve (écrit, vidéo, audio...).

Imaginez par exemple, comme c'est arrivé à un collègue, qu'une personne vous dise qu'elle adore regarder vos vidéos mais qu'hélas elle ne les comprend pas car elle est sourde. Depuis ce jour, ce collègue fourni systématiquement les transcripts pour que chacun puisse aussi lire ce qu'il raconte dans ses vidéos. Pensez-y.

Voici donc dans les pages qui suivent 17 des meilleures ressources pour construire votre tunnel de vente, et parmi lesquelles il vous faudra en choisir au minimum cinq.

1- Email - Autorépondeur.

Comme vu précédemment, l'email va être la fondation pour ce type de tunnel de vente particulier.

Cependant, vous n'allez pas seulement vous contenter d'envoyer de longs emails de 300 mots où vous donnez pleins de raisons au prospect d'acheter votre produit.

Il y aura certains emails qui seront destinés à ça, mais l'email sera aussi la fondation lorsqu'il s'agira d'engager vos prospects en leur envoyant des notifications, en leur demandant de cliquer sur tel lien pour télécharger un rapport PDF gratuit ou pour voir votre nouveau post sur votre blog ou sur les réseaux sociaux.

Vous allez donc avoir besoin d'un autorépondeur qui va vous permettre de délivrer à l'ensemble de vos prospects (ou à une partie si tel est votre choix) et aux moments où vous le décidez, des séquences d'emails (follow-up) que vous aurez réalisées et préprogrammées.

Ainsi, si par exemple vous avez créé une séquence de 10 emails, chaque nouveau prospect qui s'inscrit à votre liste recevra un email après l'autre selon le calendrier de diffusion que vous avez programmé dans votre autorépondeur.

C'est ce type de tunnel qui va délivrer vos messages automatiquement en goutte à goutte que l'on va construire ici.

Il existe un deuxième mode dans l'autorépondeur qui s'appelle le mode broadcasting.

Il consiste à envoyer immédiatement à vos prospects un email que vous venez d'écrire. Vous pourrez évidemment utiliser aussi le broadcasting si vous le souhaitez, mais n'oubliez pas que le but de votre tunnel est de le faire fonctionner en mode automatique sans avoir besoin de votre intervention.

Donc utiliser le broadcasting n'est pas le but premier du type de tunnel de vente que l'on va créer.

L'avantage d'un autorépondeur, c'est qu'il va vous permettre de construire et gérer votre liste de prospects, de vous donner des statistiques des liens qui sont cliqués et des emails ouverts, ou encore d'insérer un formulaire d'inscription que vous pouvez directement mettre sur votre site web et sur lequel les gens peuvent s'inscrire à votre mailing liste.

Il convient donc de choisir un bon fournisseur d'autorépondeur dès le départ.

Je vous conseille d'utiliser les meilleurs standards en optant par exemple pour Aweber que j'utilise et qui est pour moi le meilleur choix. Vous pouvez également opter pour Getresponse, iContact ou MailChimp.

Il en existe beaucoup d'autres qui pourront aussi très bien faire l'affaire, il vous suffit de regarder les meilleurs sur Google et de faire votre choix.

N'oubliez pas que votre autorépondeur va être la fondation, donc si vous n'en avez pas encore un réfléchissez auquel vous voulez prendre.

2- Facebook.

La deuxième ressource est Facebook. Cependant, vous n'allez pas utiliser Facebook comme la majorité des gens pour poster une quantité d'informations, mais plutôt pour prendre de l'information et du contenu utile provenant de Facebook, par exemple en curation (rappel, la curation est le processus qui consiste à emprunter éthiquement une petite partie d'un contenu créé par une autre personne et de commenter et dire pourquoi vous aimez ce contenu).

Ainsi, une fois que votre tunnel de vente sera prêt, si vous décidez par la suite de trouver votre prospect idéal sur Facebook (qui est un excellent moyen), vous pourrez vous adresser à lui en lui envoyant du contenu venant du même média (Facebook) qui vous a permis de le trouver.

C'est là un concept de marketing Internet très important sur lequel il faut insister : il est très important de s'adresser à vos prospects en faisant référence au même média (Facebook ou autre) qui vous a permis de les trouver, ou qui leur ont permis de se connecter à vous la première fois.

Par exemple, si des personnes vous trouvent sur Facebook et qu'ensuite elles reçoivent des messages de follow-up de votre part liés à des informations que vous avez prises sur Facebook et que vous leur dites : *"Voici un post Facebook très utile que je viens de trouver ou de créer"*, alors ça va résonner en eux parce que vous savez qu'ils aiment déjà Facebook.

3- Twitter.

Pour Twitter, c'est le même principe que pour Facebook. La plupart des gens qui ont un compte Facebook ont souvent aussi un compte Twitter.

Twitter est court, et parfois intense, et il existe des outils sur le marché qui sont excellents pour planifier des tweets.

Twitter peut donc être une très bonne ressource pour avoir du contenu que vous allez utiliser dans votre tunnel de vente.

4- Linkedin.

Linkedin est aussi un réseau social important, en particulier parce qu'il est considéré davantage comme étant le réseau social des professionnels.

Même si Facebook ou Twitter peuvent aussi être utilisés pour le monde professionnel, ils restent perçus comme étant utilisés plus pour votre vie privée, contrairement à Linkedin qui est vraiment spécialisé dans le business.

Il est important d'amener cet aspect business dans votre processus de vente, même si vous vendez quelque chose de totalement personnel.

Utiliser Linkedin va par exemple vous servir à créer de la preuve sociale ou à être perçu comme une figure d'autorité.

5- Youtube.

Youtube est une ressource très importante que vous allez utiliser pour envoyer les gens voir des vidéos que vous recommandez.

Si vous faites des vidéos ou que vous prévoyez d'en faire, il est essentiel d'avoir votre propre chaîne Youtube.

Sinon, il n'est pas indispensable d'avoir votre propre chaîne, et vous pouvez vous contenter d'envoyer les gens sur des vidéos directement sur Youtube ou mieux, sur des vidéos Youtube que vous intégrez à vos posts de blogs, ce qui aura pour effet de faire connaître votre blog et d'augmenter le temps de visite de votre blog.

Youtube est une ressource très importante, car elle va vous permettre de chercher et trouver des choses en rapport à ce que vous vendez, vous donner une bonne preuve sociale, et vous créer une forte autorité.

6- Blogs.

Les blogs qui sont dans la niche dans laquelle vous êtes vont être importants, en particulier les blogs d'autorité.

Il est très facile et clair de reconnaître un blog d'autorité lorsque vous en voyez un.

Les blogs qui ne sont pas en compétition avec vous mais qui complètent votre thématique vont être très importants.

Vous allez ainsi par exemple pouvoir faire de la curation de contenu de ces blogs, les recommander et en parler.

Cependant, faites attention à ce que vos prospects ne s'inscrivent pas aux mailing listes de trop d'autres blogs, ce qui pourrait à terme noyer les emails que vous envoyez dans plein d'autres emails qu'ils reçoivent.

7- Webinaires et transcripts.

Les webinaires sont une énorme source de contenu pour votre système de follow-up.

Vous pouvez en effet envoyer les gens sur le replay d'un webinaire que vous avez fait.

De la même façon, si vous avez assisté à un webinaire et que vous avez le transcript, vous pouvez éthiquement utiliser une partie du contenu de ce transcript dans votre tunnel de vente.

8- Droits de label privé.

Les droits de label privé signifient que l'auteur original du produit (livre électronique, logiciel, script etc.) vous autorise à utiliser son produit comme si vous l'aviez créé.

Ils peuvent être une merveilleuse source de contenu pour votre tunnel de vente.

Ils peuvent par exemple servir de cadeau gratuit que vous donnez en échange d'une inscription à votre mailing liste.

Vous pouvez aussi prendre quelques parties de ce type de produits et les mettre dans des slides Powerpoint pour ensuite faire une vidéo en screencast.

Vous pouvez également prendre certaines parties et en faire un guide PDF d'une ou deux pages qui va aider vos prospects.

9- Citations dans des emails.

Une très bonne pratique consiste à vous inscrire à la mailing liste du top 10 des sites de référence de votre niche.

C'est un moyen excellent pour voir de quoi les leaders de votre niche parlent, comment ils font leur promotion etc. Vous pouvez ainsi apprendre énormément, simplement en regardant gratuitement ce que font les autres.

Vous pourrez ainsi isoler des citations ou des idées des emails que vous recevez de ces leaders.

Par exemple vous pouvez dire : *"Je pense que ceci est important, regardez l'expert X est d'accord avec moi"*, puis vous copiez deux ou trois lignes d'un email de l'expert en question.

Bien entendu, vous devez le dire en étant totalement transparent et dire que ça provient d'un de ses emails, sans faire croire que l'expert X vous a appelé en personne au téléphone pour vous dire qu'il est d'accord avec vous.

Vous pouvez par exemple vous créer une adresse Gmail rien que pour vous inscrire aux mailing listes du top 10 des leaders de votre niche.

Avoir ce genre d'emails que vous pouvez citer dans votre tunnel de vente est très puissant, car les informations sont souvent à la pointe de ce qui se fait et de ce qui fonctionne actuellement.

Beaucoup de gens survolent pourtant cette veille incroyable alors qu'elle est totalement gratuite.

10- Citations célèbres provenant des figures d'autorité de vos prospects idéaux.

L'idée ici consiste à trouver les personnes que votre prospect idéal moyen considère comme une autorité (comme on l'a vu dans le module 1), et à mentionner des citations, idées ou expressions qu'ils ont pu formuler.

Ce que vous voulez ici c'est obtenir ce genre de réaction et que vos prospects se disent : *"Oh il aime lui aussi X ou Y tout comme moi !"*

Vous allez ainsi subtilement créer un lien commun, une connexion totalement inconsciente avec vos prospects, mais terriblement puissante et efficace.

11- Curation d'articles.

Nous en avons parlé tout à l'heure, la curation est le processus qui consiste à prendre une petite partie de contenu d'une autre personne, en lui donnant une attribution et un crédit total de son travail par exemple en citant son nom et en mettant un lien vers son site pour lire l'article en entier.

Ensuite, vous essayez d'enrichir cette information d'une manière ou d'une autre, par exemple en élargissant l'idée ou en la commentant.

Le gros avantage de la curation est que ça va permettre aux personnes de votre liste de savoir ce que les meilleurs spécialistes et leaders de votre thématique pensent sur un sujet donné, car vous voulez que votre liste puisse elle aussi tirer bénéfice de cette information.

Le fait que vous fassiez le travail de leur amener cette information va plaire à vos prospects qui vont respecter ça.

Ainsi, faire des articles en curation peut être une partie importante de votre tunnel de vente.

12- Votre propre contenu.

Bien que ce ne soit pas absolument indispensable, avoir votre propre contenu est très puissant car vous y injectez votre propre personnalité.

Ce que vous voulez, c'est de créer une connexion avec vos prospects pour qu'ils aiment ce que vous leur donnez et qu'au fil du temps ils deviennent des amis.

De cette manière, ces prospects deviendront vos clients les plus loyaux, bien plus que si vous les dirigiez directement et froidement vers une lettre de vente, comme c'est le cas dans les tunnels de vente qui ne fonctionnent plus.

Et la beauté de la chose est que quand ils achètent une fois, ils ont alors au minimum dix fois plus de chances de racheter à nouveau en comparaison d'un prospect qui ne vous connaît pas.

Ainsi, votre propre contenu n'est pas indispensable, mais reste très important car il ajoute votre propre personnalité.

Si vous avez votre propre contenu, alors un autre moyen très efficace de le proposer à vos prospects est de le mettre sous une forme qu'on peut appeler le "meilleur du message", qu'on va voir en page suivante.

13- Le "meilleur du message".

L'idée ici est de créer un message qui va supporter le type de produit que vous vendez, en prenant le meilleur du contenu déjà créé pour ce produit (articles, vidéos etc.).

Vous allez alors combiner le meilleur de votre contenu dans un petit package, que vous allez partager au travers d'une série de trois à cinq emails, en disant par exemple : *"Voici la meilleure chose que je n'ai jamais écrite sur X"*, ou *"Voici ma meilleure vidéo sur la manière d'obtenir du trafic."*

14- Cadeaux gratuits.

Il s'agit des cadeaux que vous donnez gratuitement en échange d'une inscription à votre liste d'emailing ou d'une action spécifique.

Les cadeaux gratuits sont très puissants et font partie intégrante de votre tunnel de vente.

Même si un prospect est déjà sur votre liste d'email, il est très important de le faire s'inscrire sur d'autres listes d'emails qui sont spécifiques à un produit donné dont vous allez faire la promotion.

Idéalement vous chercherez à avoir une liste d'email par produit, et pousser vos prospects à s'inscrire à chacune de ces listes en leur envoyant des cadeaux gratuits en échange d'une inscription.

Ainsi, cette segmentation vous permettra de mesurer l'intérêt de vos prospects pour chacun de vos produits.

15- Checklists.

Les gens adorent les checklists car beaucoup de gens sont pressés et les checklists leur permettent de gagner un temps fou.

Par exemple, vous ne prendriez jamais un avion où le pilote n'aurait pas vérifié avant tous les éléments à contrôler, n'est-ce-pas?

A la place, vous voulez avoir une checklist de contrôle pour être bien sûr que tous les éléments ont été vérifiés (niveau de fuel, moteur numéro 4 qui fait un bruit suspect, adhérence des roues, état des batteries etc.).

Les gens adorent les checklists car elles leur permettent d'économiser du temps et souvent même de l'argent.

Ainsi, créer une checklist est une excellente chose à mettre dans votre tunnel de vente.

16- Rapport de type "Qu'est ce que".

Il y a deux types de rapports qui semblent résonner le plus chez les gens, et le rapport du type "qu'est ce que" est l'un d'entre eux.

Le rapport du type "qu'est ce que" est destiné aux débutants dans une thématique donnée.

Ce genre de rapport explique par exemple les termes techniques et aide les débutants à avoir une vision d'ensemble du sujet.

Vous pouvez les réaliser vous même, ou prendre uniquement la partie "qu'est ce que" d'un droit de label privé (comme on a vu précédemment), et créer votre rapport qui donnera par exemple une vision du marché et définira les termes techniques du marché.

Par exemple un des posts qui a cartonné sur Internet s'appelait "Le Dictionnaire Du Marketing Internet" (traduit de l'anglais : "Internet Marketing Dictionary", qui définissait les termes techniques spécifiques au marketing internet (split test, squeeze page, pay-per-click, oto etc...).

17- Rapport de type "Comment".

Le second type de rapport qui résonne le plus chez les gens est le rapport du type "comment".

Le secret pour écrire un rapport du type "comment" est de se limiter à un seul sujet particulier.

Par exemple, vous n'allez pas faire un rapport sur comment utiliser Photoshop en entier. A la place, vous allez faire un rapport sur comment utiliser tel filtre de Photoshop, ou comment créer tel effet.

De la même manière, vous n'allez pas expliquer comment utiliser l'autorépondeur Aweber, mais plutôt expliquer comment envoyer un message en broadcast avec Aweber, ou comment mettre en place une série de follow-up avec Aweber.

Restez donc bref et très spécifique à un sujet particulier pour créer ce genre de rapport.

**Action: Sélectionnez votre liste de ressources.**

Vous venez de voir dans ce deuxième module 17 des meilleures ressources que vous pouvez utiliser pour construire votre tunnel de vente. Il en existe évidemment bien d'autres que vous pourrez également utiliser en plus si vous le jugez utile.

Il est maintenant temps de faire votre marché et de choisir parmi ces ressources celles que vous allez utiliser pour construire votre tunnel de vente social, tel un chef étoilé qui va choisir ses meilleurs ingrédients avant de cuisiner un plat succulent.

Choisissez maintenant au minimum cinq de ces ressources (ou également d'autres ressources auxquelles vous pourriez penser), et n'oubliez pas l'importance d'utiliser des supports multiples (audio, vidéo, écrit ...).

Ces ressources vous serviront lorsque vous construirez votre tunnel de vente au module 4.

Mais d'abord, vous allez voir dans le module 3 suivant la structure en trois piliers que doit avoir votre tunnel de vente.

MODULE #3: LA STRUCTURE EN TROIS PILIERS DE VOTRE TUNNEL DE VENTE SOCIAL.

A la fin de ce module, vous connaîtrez la structure en trois piliers que doit avoir votre tunnel de vente, et qui va vous permettre de bâtir un business en ligne extrêmement puissant.

Vous connaîtrez le schéma exact selon lequel votre tunnel de vente doit être construit pour capturer vos prospects, les convaincre et les convertir en clients qui achèteront et rachèteront chez vous, et qui deviendront de vrais ambassadeurs de vos produits.

Cette connaissance vous permettra ensuite de mettre en place dans le module 4 tous les éléments des modules 2 et 3 pour construire votre tunnel de vente social grâce à un processus en six étapes.

Voyons tout de suite en page suivante un aperçu général de la structure en trois piliers de votre tunnel de vente:

La structure en trois piliers.

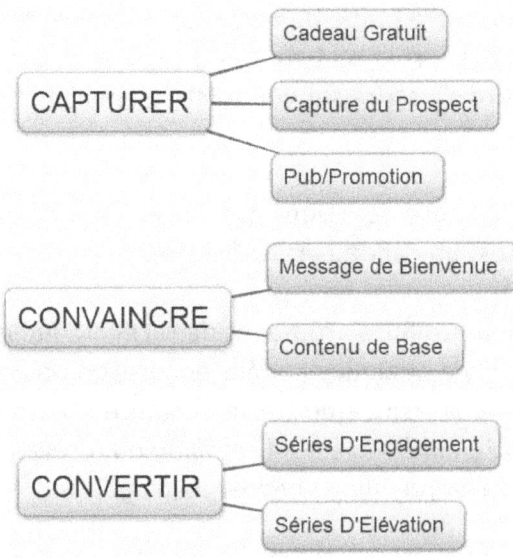

NB: *Ceux qui achètent (convertir) continuent à recevoir le contenu de base, ce qui vous permet de leur offrir davantage de chances qu'ils s'engagent sur un produit spécifique donné.*

Voyons maintenant en détail chacun de ces trois piliers de la structure.

Pilier n°1 : capturer.

La toute première étape de votre tunnel de vente va être de capturer les prospects, c'est-à-dire de se débrouiller pour les faire s'inscrire sur votre liste d'emailing.

La première chose dont vous avez besoin pour capturer vos prospects est un **cadeau gratuit**.

Les gens aujourd'hui s'attendent de recevoir quelque chose de gratuit. Il y a quelques années encore, on pouvait se contenter de dire quelque chose du genre : *"Entrez votre email pour rejoindre la liste d'emailing ou recevoir des nouvelles à chaque nouveau post de blog."*

Aujourd'hui, vous vous êtes peut-être rendu compte que ce n'est plus possible de faire s'inscrire les gens sur votre liste d'emailing de cette manière.

Dans l'environnement de compétition actuel, vous avez donc besoin d'un cadeau gratuit mais pas de n'importe lequel. Ce cadeau doit être réellement de qualité pour faire la différence et susciter l'intérêt.

Vous verrez au module 4 comment créer facilement et rapidement un cadeau gratuit irrésistible, et c'est beaucoup plus simple qu'on le croit.

La deuxième chose qu'il vous faut est un dispositif de **capture du prospect**.

Avec des services comme Optimize Press ou Lead Pages ou encore de nombreux plugins Wordpress gratuits, créer une page de capture est devenu un jeu d'enfant et peut se faire en moins de cinq minutes.

Vous verrez au module 4 quand vous construirez votre tunnel de vente comment créer une page de capture qui va vous donner des taux de conversion record.

Enfin, la troisième chose qu'il vous faudra est une **source de trafic** par la publicité et la promotion pour attirer les visiteurs sur votre page de capture.

Bien que le thème de cette formation ne soit pas la génération de trafic, on peut tout de même en dire quelques mots ici. Ainsi, le but va être d'utiliser des sources telles que Facebook, Google Adwords ou Microsoft Ad Center (pour ne citer que celles-ci) pour trouver votre prospect idéal par exemple par de la publicité, et en disant : " *Voudriez-vous avoir ce merveilleux cadeau gratuit ?*"

Ils vont alors montrer leur intérêt et dire oui, et ainsi être inscrits à votre liste d'emailing car vous aurez ce cadeau gratuit et votre dispositif de capture de prospects en place par exemple sur votre blog ou sur une page de capture dédiée.

Le marketeur Internet Neil Patel a d'ailleurs fait un test très intéressant récemment en envoyant 1000 visiteurs directement sur une page de vente, ce qui n'a rapporté que 175 dollars.

Il a refait le même test en envoyant 1000 autres visiteurs sur ce nouveau type de tunnel de vente que vous êtes en train de construire, et a pu ainsi générer 7000 dollars.

Avoir une solide structure en place comme celle-ci est donc très important, car trop de gens veulent avoir du trafic mais n'ont rien de vraiment en place pour accueillir et convertir ce trafic.

Pilier n°2 : convaincre.

Le deuxième pilier et la deuxième étape une fois que vous avez capturé votre prospect va consister à devoir le convaincre.

Vous ne pouvez désormais plus vous contenter de proposer vos produits et espérer les vendre sans avoir prouvé votre crédibilité auprès des prospects, et c'est aussi pourquoi les anciens modèles de tunnels de vente ne fonctionnent plus.

Les gens pour acheter aujourd'hui ont besoin de vous croire, d'aimer ce que vous faites et d'avoir confiance en vous.

Si vous ne vous sentez pas l'âme d'un commercial rassurez-vous, vous n'avez absolument pas besoin de l'être pour convaincre vos prospects.

En effet, vous devez savoir que lorsque vous donnez aux gens du contenu de qualité et les aidez à résoudre leurs problèmes, ils vont vouloir vous retourner l'ascenseur par le principe de réciprocité, et c'est par ce moyen que vous allez réussir à les convaincre. En fait, vous allez les convaincre grâce à la qualité du contenu que vous leur proposez.

Le premier élément à considérer une fois qu'ils se sont inscrits sur votre liste d'emailing est le **message de bienvenue**.

Ne négligez pas ce message et écrivez-le avec soin. Rappelez-vous que vous n'avez jamais une deuxième chance de faire une première bonne impression.

C'est pourquoi le premier message que vous leur envoyez quand ils s'inscrivent à votre liste est vital pour assoir les fondations de votre crédibilité et à donner le ton pour d'excellentes relations à venir avec vos prospects.

Ce message de bienvenue sera envoyé systématiquement à tout nouveau prospect qui s'inscrit à votre liste, peu importe la manière dont vous mettrez en place votre tunnel de vente.

Aussi, pour vous aider à écrire un message de bienvenue efficace, voici en page suivante une formule en 5 étapes que celui-ci doit respecter.

Si vous suivez cette formule, vous pourrez écrire votre message de bienvenue très rapidement et vous serez en mesure de donner à vos prospects la meilleure première impression possible.

La formule en 5 étapes pour écrire votre message de bienvenue.

Etape 1: Titre et timing.

Il est vital d'envoyer votre message de bienvenue immédiatement après que votre prospect se soit inscrit à votre liste d'emailing. C'est en effet le moment auquel son niveau d'intérêt est au plus haut point.

Le titre de votre email est très important, car ce sont les titres qui conditionnent les taux d'ouverture des emails. Pour ce premier message, le titre de votre email doit être clair et net, sans essayer de créer de la curiosité, du mystère ou de faire des jeux de mots.

L'idéal est de mentionner l'origine, par exemple votre site web ou votre nom, et d'ajouter "voici par où commencer". Ceci aura pour but d'augmenter à la fois les taux d'ouverture et l'engagement.

Voici un exemple de titre : *"Bienvenue à votresite.com ! Voici par où commencer..."*

Etape 2: Bonjour et merci.

La clé ici est d'être vous-mêmes. Bien qu'il puisse être tentant et logique de vouloir parler de vous ici, évitez cette tentation.

Ce que vos prospects veulent vraiment savoir ici est ce qu'il y a pour eux. Faites donc en sorte d'arriver à cette section le plus vite possible.

Il est très important de les remercier pour leur temps et leur attention.

Commencer de cette manière donne le ton de votre relation à venir avec eux.

Par exemple vous pouvez dire quelque chose du genre :

"Je m'appelle X, et je veux prendre un moment spécial pour vous souhaiter la bienvenue et vous remercier d'avoir rejoint ma liste.

Vous me donnez ainsi un cadeau précieux -votre temps et attention- et je l'apprécie énormément.

Je veux donc que vous sachiez que je suis très heureux et reconnaissant que vous ayez décidé de me rejoindre !

Je suis convaincu que ce que je vais partager avec vous va vous aider à XXX, peu importe là où vous en êtes actuellement, comme ça a aidé les 40 000 inscrits que vous venez de rejoindre."

Etape 3: Définir les attentes.

La clé ici est d'être très clair sur ce qu'ils peuvent attendre.

Une très bonne façon de le faire est de dire carrément : *"voici ce que vous pouvez attendre de moi..."*

Définir les bonnes attentes est vital, soyez donc sûr de faire des promesses plus petites concernant ce à quoi ils peuvent s'attendre, et de leur offrir beaucoup plus de choses que prévu.

Ils auront alors l'impression que vous vous décarcassez réellement pour eux plus qu'ils ne pouvaient l'espérer, et ça créé ainsi une impression très positive.

Evitez également d'être trop précis.

Par exemple, vous pouvez leur dire qu'ils peuvent s'attendre à recevoir de nouvelles choses de votre part trois fois par semaine, mais n'allez pas forcément jusqu'à leur dire qu'ils vont recevoir telle ou telle chose le mardi, jeudi et samedi à 9h00 chaque semaine.

En effet, il suffit que vous soyez malade ou que votre autorépondeur ne délivre pas votre email à temps, et ça vous fait casser une promesse implicite.

Voici un exemple de ce que vous pouvez dire pour cette étape 3 :

"Voici ce que vous pouvez attendre de moi...

Je publierai de nouveaux articles, vidéos et des podcasts sur mon blog environ trois fois par semaine. Une fois que le nouveau contenu est en ligne, je vous enverrai un email avec une courte description du nouvel article, pourquoi je pense qu'il est important pour vous et un lien pour lire l'article en entier.

Je vous enverrai aussi des emails concernant des nouvelles formations que je ferais et d'autres ressources de qualité de temps à autre. Je ne recommande jamais rien que je n'utilise pas moi-même, et je fais ça seulement quelques fois dans l'année.

Et... Je vous enverrai également quelques cadeaux surprise que vous pourrez télécharger.

Ils vous aideront à accomplir les choses importantes facilement et rapidement.

Vous les adorerez !

Tout ceci vous semble juste ? GÉNIAL !"

Etape 4: Demandez-leur de faire une action.

L'étape 4 est peut-être la plus importante de votre email de bienvenue.

L'enjeu dans un premier temps est de vous assurer qu'ils vont ouvrir et lire vos emails.

Pour ça, vous allez insister sur l'importance de lire vos emails, et leur demander de "whitelister" votre adresse email, c'est-à-dire la mettre en liste blanche pour ne pas qu'elle soit considérée comme du courrier indésirable et se retrouve dans la boite de spams. Expliquez-leur en quelques lignes les étapes qu'ils doivent réaliser pour le faire.

Profitez-en aussi pour leur faire savoir subtilement mais tout en étant transparent qu'il se peut qu'ils reçoivent d'autres messages de votre part avec des trucs, astuces et plus.

Les notifier à propos de ça est important car ça va minimiser les désinscriptions et les plaintes car vous aurez été honnête dans vos intentions.

Rappelez-vous : les taux de désinscription et les plaintes (marquées comme spam) altèrent votre délivrabilité, d'où l'importance de cette étape.

Par exemple, vous pouvez dire :

"Voici ce que vous avez besoin de faire maintenant pour commencer...

Etape 1 : Whitelistez et priorisez tous les emails provenant de votresite.com et "votre nom"

Ceci est important ! Non seulement vous recevrez des mises à jour concernant de nouveaux articles sur le blog, mais vous recevrez aussi des notifications concernant de nouveaux trucs et outils pour vous aider à X, Y, et Z.

Mais si mes emails n'arrivent pas jusqu'à vous, vous allez rater ces mises à jour importantes et vous ne recevrez pas tous les bénéfices qu'ont les autres inscrits.

Assurez-vous donc de faire ces quelques actions pour être sûr que vous ne manquerez rien :"

Ensuite, il vous suffit de décrire la procédure par exemple 1, 2, 3, pour whitelister votre adresse email.

Puis dans un second temps, vous pouvez leur proposer de vous rejoindre sur Facebook et Twitter.

Vous pouvez leur dire par exemple :

"Etape 2 : Prenez deux secondes pour me rejoindre sur Facebook qui sera notre moyen de communication principal en dehors des emails que vous recevrez, et il serait dommage que vous ratiez quelque chose." Puis mettez les liens vers votre page Facebook ou Twitter.

Etape5: Le P.S.

Le P.S. est souvent lu en premier et doit contenir de l'information importante pour votre lecteur. Il existe plusieurs options, mais celle ci-dessous est l'une des meilleures, en disant par exemple:

*"P.S : Si vous avez une seconde, j'adorerais savoir : pourquoi vous êtes-vous inscrit pour recevoir de l'information de ma part ? Que puis-je faire pour vous aider à résoudre votre plus gros problème **dès maintenant** ? Cliquez juste sur répondre à cet email ou envoyez-moi un email rapide"*, en mettant en hyperlien sur les mots *"envoyez-moi un email rapide"* pour que la fenêtre de votre support client ou une fenêtre pour écrire l'email s'ouvre automatiquement.

Vous pouvez également rajouter un P.P.S. à la suite, qui est lui aussi souvent lu en premier, pour les rediriger vers une page "A propos" où ils peuvent apprendre à mieux vous connaître.

Votre page "A propos" est un excellent outil de vente pour votre business en ligne. Vous pouvez mettre par exemple:

P.P.S : "Si vous voulez en savoir un peu plus sur moi, vous pouvez visiter ma page "A propos" en cliquant ici."

Si vous utilisez cette formule en 5 étapes, vous donnerez le ton pour créer une excellente première impression avec vos prospects. Par ailleurs vous pourrez écrire cet email très rapidement, en une dizaine ou quinzaine de minutes.

Nous venons ainsi de voir le message de bienvenue, qui constitue le premier élément du pilier n°2 "convaincre" (voir le schéma au début de ce module).

Le deuxième élément du pilier n°2 à considérer est le **contenu de base**.

Une fois qu'ils ont reçu votre message de bienvenue, vous aller vouloir partager avec eux votre contenu de base.

Pour ça, vous aller créer dans le module 4 vos séries de follow-up en utilisant les différentes ressources que vous avez sélectionnées au module 2 et utiliser des modes multiples (audio, vidéo, écrit...), par exemple en mettant dans vos messages un lien vers une vidéo, un lien vers un podcast, un lien vers un article etc.

Pilier n°3: convertir.

Maintenant, il va être temps de convertir vos prospects en clients en leur vendant vos produits.

Vous les avez capturés, ils sont sur votre liste, et vous les convainquez avec la qualité de votre contenu ciblé et taillé sur mesure pour répondre à ce que veut votre prospect idéal.

Maintenant, vous avez besoin de les convertir en argent en leur vendant quelque chose.

C'est ce qui s'appelle la **série d'engagement** qui est le premier élément pour faire ça (voir schéma au début de ce module).

La série d'engagement est une série d'emails qui est diffusée en rapport avec un produit spécifique.

Vous pouvez créer une série d'engagement différente et spécifique à chaque nouveau produit dont vous faites la promotion, que ce soir le vôtre ou un produit en affiliation.

Voici le secret : vous n'allez pas envoyer votre série d'engagement sur un produit spécifique, mais uniquement aux personnes qui choisissent de recevoir par exemple un cadeau gratuit que vous leur proposerez, et qui signifiera clairement qu'ils sont intéressés pour en savoir plus.

C'est très important de diffuser ce genre de séries seulement aux personnes qui ont manifesté clairement un intérêt, notamment en leur proposant un cadeau gratuit qui, pour le recevoir, va les faire s'inscrire sur une liste de série d'engagement.

Cette série d'engagement est simplement une série de messages de vente plus "dure" que votre contenu de base, et qui se focalisent spécifiquement sur la vente et la promotion de votre produit. Nous verrons ça plus en détails dans le module 4.

Le deuxième élément à considérer pour convertir vos prospects est la **série d'élévation**.

D'autres personnes comme le marketeur Ryan Deiss appellent ce type de séries des séries d'ascension, mais elles remplissent exactement la même fonction.

La série d'élévation est une série d'emails qui va être délivrée uniquement aux personnes qui vous ont acheté un produit donné, et pas aux autres.

En effet, le but de cette série est d'offrir une opportunité à vos acheteurs d'avoir une upsell (proposition d'achat d'un deuxième produit), de vous recommander à leurs amis, de devenir votre affilié, ou de faire toute autre action additionnelle qui met de l'argent supplémentaire dans votre poche et crée une connexion plus forte entre vous et votre nouvel acheteur.

Ceci termine ce troisième module.

Vous avez désormais une vision précise de la manière dont votre nouveau tunnel de vente doit être construit, car vous connaissez la structure en trois piliers qui consiste à capturer, convaincre et convertir.

Créer cette structure demande certes un peu travail, mais ce que vous voulez avoir est un système de vente automatisé qui travaille pour vous 24h/24 et tous les jours de la semaine.

Vous savez que ce genre de système est réel. Vous avez peut-être déjà vu d'autres personnes en utiliser mais vous n'en n'avez pas un pour vous.

Donc, prenez le temps de faire le travail de construction de ce nouveau style de tunnel de vente pas-à-pas, car c'est ce type de structure qui fonctionne aujourd'hui.

En effet, vous capturez vos prospects, vous les convainquez, puis vous les convertissez d'abord en acheteurs grâce à vos séries d'engagement et ensuite, grâce à vos séries d'élévation en acheteurs multiples, en partenaires de joint venture, en amis, et en ambassadeurs de vos produits auprès de leurs amis et collègues.

Vous allez maintenant rentrer dans l'opérationnel et voir dans le module 4 le processus détaillé en six étapes pour construire votre tunnel de vente rapidement et facilement.

MODULE #4: LE PROCESSUS EN 6 ÉTAPES POUR CONSTRUIRE VOTRE TUNNEL DE VENTE SOCIAL.

A la fin de ce module, vous maîtriserez le processus en 6 étapes qui va vous permettre de construire votre tunnel de vente social, en mettant ensemble toutes les pièces et connaissances que vous avez acquises jusqu'ici dans les trois premiers modules.

Il vous suffira de suivre à la lettre, en pas-à-pas ce processus pour bâtir votre tunnel de vente rapidement et facilement.

Commençons par la première étape en page suivante, qui consiste à créer votre cadeau gratuit.

Etape 1 : créez votre cadeau gratuit.

Il s'agit de la première étape la plus importante car avoir un cadeau gratuit est capital pour donner envie aux gens de s'inscrire à votre liste d'emailing et ainsi les capturer.

Contrairement à ce qu'on pourrait penser, le type de cadeau gratuit qui fonctionne le mieux aujourd'hui n'est pas d'offrir par exemple une heure de consulting, un fichier audio, une vidéo ou un webinaire.

Le meilleur choix actuellement de cadeau gratuit est tout simplement un rapport PDF téléchargeable et court de une, deux ou trois pages, et c'est ce que je vous recommande de faire. Vous pouvez bien entendu utiliser autre chose si vous le souhaitez.

Pour créer ce fichier PDF, vous pouvez utiliser par exemple les droits de label privé, comme on l'a vu dans le module 2.

Notez que ces cadeaux gratuits doivent être consommables facilement, mais ne doivent pas être faits n'importe comment pour capter l'intérêt des gens.

Voici cinq types de cadeaux gratuits sous forme de rapport PDF qui fonctionnent extrêmement bien :

Le guide ressources.
Par exemple, vous montrez les dix outils que vous utilisez pour réussir dans votre thématique. Les gens veulent savoir les ressources qui permettent de réussir, car ils veulent les utiliser aussi pour atteindre le succès.

Les fiches raccourci.

Ces fiches promettent à vos prospects de pouvoir réaliser quelque chose rapidement, facilement et avec moins d'efforts. Vous partagez ici votre expérience pour leur montrer comment faire quelque chose plus vite et plus efficacement. C'est un peu comme si vous disiez à votre prospect : *"prend mon expérience et utilise la pour toi avec cette fiche raccourci"*.

Les templates.
Les templates proposent des structures ou des procédures pas-à-pas pour par exemple écrire un titre qui vend, un article, ou pour réaliser une tâche particulière.

Les guides "X moyens".
Par exemple : 5 moyens de gagner de l'argent.

Les guides "X jours".
Par exemple : comment perdre 10 kg en 20 jours et comment le faire en 48h.

En fait, la chose la plus importante que doit réaliser votre cadeau gratuit va être d'aider vos prospects à aller de là où ils sont maintenant vers là où ils veulent être de la manière la plus rapide.

Par contre ce cadeau doit être, comme l'a dit le marketeur Internet Jimmy Brown : *"utile mais incomplet"*.

Vous ne voulez surtout pas que votre cadeau raconte toute l'histoire, mais juste une partie. Le but est de vraiment aider les gens en fournissant un cadeau de haute qualité, mais sans raconter toute l'histoire.

Par exemple, vous allez donner le processus pour créer une bannière publicitaire, mais vous n'allez pas donner la liste des meilleurs magazines électroniques ou sites web où cette publicité peut être placée.

Autre exemple, vous allez donner la liste des dix outils vous permettant de diviser votre temps de travail par trois, mais sans expliquer comment vous les utilisez ou les combinez ensemble pour en tirer le meilleur parti.

Pensez toujours à être utile mais incomplet, et pensez à fournir à vos prospects quelque chose qu'ils veulent vraiment.

Beaucoup de gens se disent : *"Il y a tellement de cadeaux gratuits qui pullulent sur Internet que le mien ne sera même pas remarqué et personne n'en voudra."*

Sachez que si vous respectez les conseils ci-dessus, vous serez en mesure de créer un cadeau gratuit que les gens vont vraiment vouloir, très facilement.

A nouveau, si vous ne souhaitez pas créer vous-même votre cadeau gratuit en l'enregistrant ou en l'écrivant, considérez d'utiliser les labels de droit privé qui sont d'excellentes fondations pour un cadeau gratuit.

Etape 2 : créez votre page de capture.

Créer votre page de capture ou squeeze page est désormais l'une des choses au monde les plus faciles à faire. Pourtant, beaucoup de gens trébuchent encore dessus.

Voici la formule en cinq points utilisée par les meilleurs marketeurs sur Internet pour écrire une page de capture qui converti aujourd'hui et donne des taux de conversion record :

1- Un titre irrésistible.

Pour faire naître l'intérêt, il vous faut créer un titre qui offre un avantage fort et génère de la curiosité. Ne faites pas votre titre trop long. Par exemple un titre de huit mots ou moins fonctionne très bien.

2- Un sous-titre.

Le sous-titre est optionnel, et sert à compléter ce que vous n'avez pas pu dire dans le titre.

3- Une image du cadeau gratuit.

L'image ici aussi est optionnelle et certaines pages de capture convertissent très bien sans images.

Toutefois, insérez autant que possible une image qui représente votre cadeau.

Les gens aiment avoir une représentation de ce qu'ils vont télécharger et vous allez ainsi augmenter la valeur perçue du cadeau ainsi que les taux de conversion.

4- Une liste de trois à cinq points.

Ces points listent les avantages et indiquent ce qu'il va y avoir pour vos prospects à l'intérieur de votre cadeau s'ils décident de s'inscrire pour le recevoir.

5- Un appel à l'action.

Vous devez avoir un appel à l'action clair pour s'inscrire à votre formulaire, ainsi qu'un bouton très visible qui ne peut pas être manqué.

Ces cinq choses sont tout ce dont votre page de capture a besoin d'avoir. Plus votre page de capture sera simple, et mieux ce sera.

Si vous regardez les leaders des différentes industries et marchés de niche (marketing Internet, sport, relations, santé etc.), vous verrez qu'ils utilisent tous une formule de succès similaire : une page de capture simple qui offre un cadeau gratuit de haute qualité, avec un titre, parfois un sous-titre qui explique et complète le titre, une image, une liste de trois à cinq points, et un appel à l'action.

Vous n'avez rien besoin de plus car voici le secret d'une page de capture qui converti : vous voulez qu'une personne la regarde et se dise directement en trois ou quatre secondes *"oui, c'est exactement ça que je veux"*.

Vous ne voulez surtout pas leur faire sentir qu'ils doivent lire plein de choses avant de prendre leur décision, d'où l'importance d'avoir une page de capture simple et courte.

Une bonne page de capture contient généralement 50 mots ou moins, donc n'en écrivez pas des tartines et restez au maximum dans cet ordre de grandeur.

Etape 3 : créez vos messages de follow-up pour votre contenu de base.

Rappelez-vous dans le module 2, on a parlé de beaucoup de ressources que vous pouviez envoyer et partager avec vos prospects, et vous avez choisi au minimum cinq de ces ressources.

Il est maintenant temps d'utiliser ces ressources que vous avez sélectionnées dans le module 2 pour créer vos messages de follow-up.

Notez qu'en plus de créer cette série d'emails de votre contenu de base, vous pouvez, si vous le voulez, contacter vos prospects par d'autres moyens comme Facebook, Twitter ou encore d'autres médias.

Cela dit, c'est totalement okay si vous souhaitez uniquement rester avec l'email.

Créez donc maintenant vos messages de follow-up, en utilisant comme vu précédemment une variété de sources, au minimum cinq différentes sources, et avec des modes de communication multiples (écrit, vidéo, audio...).

Par exemple, ça peut être des vidéos Youtube, des posts Facebook, des articles de blog d'autorité, un replay de webinaire, etc.

Vous allez ensuite parfaitement pouvoir utiliser et partager l'intégralité de ces ressources en incluant des liens vers celles-ci directement dans vos emails de follow-up.

Par exemple si vous voulez partager une vidéo sur Youtube, pour pouvez faire un email en disant :

"Voici une vidéo que je viens juste de trouver et j'ai pensé que vous allez vraiment l'aimer, alors je vous l'envoie. Voici ce que j'aime dans cette vidéo...".

Vous faites ensuite trois petites observations, puis mettez une image de la vidéo suivi d'un lien vers cette vidéo.

Idéalement, vous aurez embarqué cette vidéo sur un article de votre blog, afin qu'ils tombent sur votre blog plutôt que sur Youtube.

Le marketeur Internet Jeff Walker utilise exactement cette même approche dans ses tous derniers lancements de produits.

Vous pouvez faire la même chose avec tous les autres types de ressources : des webinaires où vous participez, des posts Facebook que vous voyez, des emails de leaders de votre thématique que vous lisez, des articles de blog en curation, des citations ou idées intéressantes que vous obtenez par des figures d'autorité etc.

Une fois que vous avez créé vos messages de follow-up, votre contenu de base est désormais prêt.

Si vous ne l'avez pas encore fait, créez également ici votre message de bienvenue, tel que vous l'avez vu dans le module 3.

Vous allez maintenant devoir créer une série d'engagement pour votre produit, dans l'étape suivante.

Etape 4 : créez une série d'engagement pour votre produit.

Il s'agit simplement d'une série d'emails qui sont spécifiques à un produit donné dont vous faites la promotion.

A ce stade, vous avez donc deux séries d'emails qui circulent :

Vous avez une première série d'emails qui diffuse votre contenu de base aux prospects de votre liste dans le seul but de les nourrir, les enrichir et leur donner des informations destinées à les aider à aller de là où ils sont actuellement vers là où ils veulent être.

Cette première série vous permet de créer une énorme dose de bonne volonté car vous partagez de l'information de votre blog, des blogs que vous lisez, des vidéos Youtube etc.

Ensuite vos prospects vont donc se dire : *"oui, je suis intéressé pour en savoir plus"*, par exemple quand vous leur proposez de recevoir un cadeau gratuit dans l'un de vos emails de votre contenu de base, spécifique à un produit dont vous faites la promotion.

Ils vont alors s'inscrire à une deuxième liste pour télécharger ce cadeau gratuit, qui est votre liste d'engagement.

Rappelez-vous que vous ne devez diffuser une liste d'engagement uniquement si le prospect a réalisé une action qui indique clairement son intérêt pour un produit spécifique, par exemple en décidant de télécharger un cadeau gratuit.

Cette série d'engagement est une série de vente plus "dure", sans aller bien sûr jusqu'à dire au prospect *"achète sinon je te casse le nez"*.

Votre série d'engagement va ainsi se focaliser exclusivement sur la vente de votre produit.

C'est dans ce type de séries que vous prenez votre produit à part et que vous dites dans vos emails :

"Voici 5 raisons pour lesquelles vous aimeriez avoir ce produit", ou *"Voici ce qui se trouve dans l'espace membres"*, ou encore *"Voici ce qu'il y a pour vous dans cette formation"* etc.

Cette série d'engagement est donc très importante car c'est avec elle que vous allez vendre votre produit. Il s'agit d'une série séparée de votre série de contenu de base.

Pour commencer, choisissez maintenant un produit à vendre et écrivez une série de quelques messages qui en font la promotion (par exemple trois à cinq mais vous pouvez en faire plus). Il s'agit de votre série de vente et à nouveau, elle se focalise sur un seul produit.

Vous voudrez par la suite écrire autant de séries d'engagement que vous avez de produits à vendre, mais pour le moment démarrez déjà avec une série.

Etape 5 : créez une série d'élévation.

Soyons clairs. Certaines étapes comme celle-ci sont optionnelles.

Vous n'avez pas besoin de tout faire pour commencer, mais il est en revanche important que vous ayez tous les outils en main de ce que ce système peut vraiment faire pour vous.

Donc si vous décidez de tout mettre en place, l'étape 5 consiste à créer une série d'élévation.

Pour rappel, une série d'élévation est une série de messages qui sont uniquement délivrés aux acheteurs.

Ainsi, dès que quelqu'un achète, il est très facile de le basculer d'une liste de série d'engagement où il est encore un prospect vers une liste de série d'élévation où il devient acheteur.

N'importe quel autorépondeur peut ainsi transférer très simplement une personne d'une liste à l'autre automatiquement, en se basant sur l'évènement d'achat, et peu importe le compte marchand que vous utilisez (Clickbank, Paypal etc...).

Le but de cette série d'élévation est donc d'élever l'acheteur de votre produit pour qu'il devienne un acheteur multiple en lui proposant un ou plusieurs autres produits, mais pas n'importe comment.

Contrairement à ce que vous avez peut-être pu voir avec les fameuses OTOs (One Time Offers, qui sont des offres souvent à un prix fortement réduit réalisées une seule fois juste après un achat), il ne s'agit surtout pas ici de faire ce genre d'offre où il y a une forte pression à l'achat et où le temps est compté.

Vous ne voulez surtout pas véhiculer à votre prospect ce genre de message : *"vous êtes stupide si vous n'achetez pas cet autre produit"*, ou *"le produit que vous venez d'acheter est bien mais pas exceptionnel, vous devez aussi acheter cet autre produit"*.

Vous n'aimeriez pas subir ce genre de vente n'est-ce-pas ?

C'est pourquoi cette série d'élévation va être bien plus sophistiquée que ça, car elle va offrir des produits complémentaires.

Il peut s'agir d'un autre de vos produits, ou d'un produit que vous proposez en affiliation.

Par exemple, si vous vendez un produit particulier et qu'il y a un autre produit que vous utilisez souvent et qui vous aide, alors vous pouvez le recommander dans votre série d'élévation.

Vous n'avez pas forcément besoin de commencer à diffuser cette série le même jour où a eu lieu l'achat, et vous n'êtes pas non plus forcés de la faire.

Mais si vous voulez augmenter votre revenu et le panier moyen par client, alors il est important d'en faire une car il est prouvé que les gens qui ont acheté chez vous une fois sont dix à vingt fois plus enclins à racheter chez vous que des gens qui n'ont jamais rien acheté.

Ils ont déjà effectué un achat chez vous grâce à votre série d'engagement, et maintenant vous leur demandez de racheter à nouveau grâce à cette série d'élévation.

Et lorsqu'ils deviennent des acheteurs multiples, alors ça devient très puissant pour vous.

En plus, il est aussi prouvé que les gens aiment acheter très vite après leur premier achat.

Donc si vous décidez de créer une série d'élévation par exemple par quelques messages faisant la promotion d'un ou deux autres produits complémentaires, ne tardez pas trop pour diffuser cette série dans les jours qui suivent l'achat.

Etape 6 : créez des cadeaux gratuits, des pages de capture et des séries d'engagement pour tous les produits que vous voulez vendre.

Cette étape est une sorte de résumé et de continuité des cinq étapes précédentes du processus de création de votre tunnel de vente.

Il va s'agir de créer des cadeaux gratuits, pages de capture et séries d'engagement pour chacun des produits dont vous voulez faire la promotion.

Evidemment, il n'est pas question ici de prendre tout de suite tous les produits que vous voulez vendre pour le restant de vos jours et de mettre en place tout ça, car ça vous prendrait au moins deux mois.

Au contraire, prenez un produit que vous voulez vendre, créez un cadeau gratuit, créez une page de capture, et créez une série d'engagement de trois à cinq messages destinés à faire la promotion de ce produit spécifique.

Une fois que vous l'aurez fait correctement pour un premier produit, vous allez dupliquer ces actions pour tous les produits que vous voulez vendre.

Ensuite, vous allez offrir ces cadeaux gratuits aux gens qui sont inscrits à votre liste d'email sur laquelle ils reçoivent votre contenu de base destiné à les aider.

Dans le cas où ils sont intéressés pour télécharger un de ces cadeaux gratuits, alors ils devront s'inscrire, via une page de capture dédiée, à une liste d'engagement qui fera la promotion du produit en question à l'aide de trois à cinq emails.

Ceci est très important et est un des secrets de ce type de vente : ne vendez jamais des choses, ne dites jamais *"achetez mon produit"*, ne faites jamais une offre directe sans que vos prospects n'aient auparavant montré un signe clair d'intérêt, comme par exemple lorsqu'ils décident de s'inscrire pour recevoir votre cadeau gratuit.

S'ils acceptent votre offre pour recevoir votre cadeau gratuit au travers d'une inscription à une autre liste (votre liste d'engagement), alors ils vous disent clairement *"je suis intéressé"*, et ce n'est qu'à ce moment là que la démarche de vente commence, pas avant.

En effet, au tout début, il s'agit de nourrir, d'aider, d'apprendre à vous connaître au travers de votre liste sur laquelle vous diffusez votre contenu de base.

Et ensuite, dans cette même liste, vous allez diffuser de temps en temps des cadeaux gratuits liés à un produit spécifique que vous voulez vendre à vos prospects.

Et s'ils décident de télécharger votre cadeau gratuit en se disant par exemple *"je veux ce rapport gratuit pour apprendre à sous-traiter mes tâches"* ou *"je veux ce rapport gratuit pour apprendre à créer une publicité sur Facebook"* ou encore *"je veux ce rapport gratuit pour apprendre à planifier l'activité hebdomadaire de mon blog"*, alors à ce moment ils devront s'inscrire sur votre page de capture à votre liste d'engagement, dans laquelle vous commencerez à leur vendre le produit.

C'est aussi simple que ça, et c'est comme ça que le business Internet fonctionne aujourd'hui.

De même, rassurez-vous sur le cycle de vente qui est lui aussi très rapide. Vous n'aurez bien entendu pas besoin d'attendre six mois pour faire vos premières ventes.

En effet, la bonne volonté que vous allez générer en donnant beaucoup de choses dès le départ va être extrêmement puissante et très rapidement se transformer en ventes par le principe de réciprocité.

Et lorsque vos prospects verront que vous leur offrez cadeau gratuit après cadeau gratuit, ils vont vraiment vous aimer, vos emails vont atteindre des taux d'ouverture record.

Et dès qu'ils téléchargeront un de ces cadeaux gratuits, ils seront automatiquement inscrits sur la liste d'engagement correspondante qui leur expliquera pourquoi ils doivent acheter le produit en question.

Et même s'ils n'achètent pas le produit, ils seront toujours sur votre liste sur laquelle vous continuerez à les nourrir avec votre contenu de base, et à leur proposer régulièrement des cadeaux gratuits pour les engager avec vos autres produits.

C'est le type de tunnel qui marche aujourd'hui et la raison pour laquelle les vieux tunnels ne convertissent plus ou presque plus, car il accomplit trois objectifs majeurs que l'on va voir en page suivante.

Les trois objectifs majeurs qui expliquent pourquoi votre
tunnel de vente social converti si bien aujourd'hui.

Objectif 1:
Les gens qui s'inscrivent sur votre liste restent sur votre liste.

Ce qui se passe aujourd'hui, c'est que les gens sont pilonnés d'emails avec des offres dont ils se fichent totalement et qu'ils n'ont pas demandées.

C'est pourquoi il y a tant de personnes qui se désinscrivent des listes de certains blogs ou sites web qui ne font que d'envoyer des messages promotionnels non désirés.

Pire encore, vos messages peuvent carrément ne plus être ouverts, et les personnes sur votre liste ne même pas prendre la peine de se désinscrire.

Ceci est la pire chose qui puisse vous arriver car vous allez continuer à payer votre autorépondeur pour gérer et envoyer des emails à des gens totalement inactifs, et votre réputation et taux de délivrabilité va chuter en flèche car ils n'ouvriront plus rien.

Avec le type de tunnel de vente que vous venez de voir, les gens qui vont sur votre liste y restent car vous ne faites pas ce genre de vente non désirée, et ils aiment y rester.

Objectif 2:
Les gens achètent plus car ils choisissent eux-mêmes d'avoir l'information qu'ils veulent.

Pour rappel, vous offrez donc à vos prospects à la fois du contenu de haute qualité, ainsi que des cadeaux gratuits. Ces cadeaux gratuits sont des perches qu'ils peuvent décider de télécharger, et qui les inscrivent alors à vos listes d'engagement.

Les gens achètent donc davantage car ils sélectionnent eux-mêmes l'information qu'ils veulent. Ils ne sont pas pilonnés par des offres intempestives sur des choses dont ils n'ont pas exprimé clairement leur intérêt.

Mais lorsqu' ils expriment un intérêt, ils reçoivent alors de l'information promotionnelle très ciblée sur les bénéfices qu'ils vont avoir en achetant tel ou tel produit, grâce à votre série d'engagement.

Objectif 3:
Vous vendez plus car vous convertissez tous les acheteurs en acheteurs multiples.

Tous les acheteurs doivent être élevés du rang d'un acheteur possédant un seul produit à un acheteur possédant plusieurs produits.

L'enjeu ici est beaucoup plus important qu'une simple opération d'upsell, même si les upsells en font partie.

L'enjeu inclut que les prospects parlent de vous à leurs amis.

Rappelez-vous que le bouche à oreille ne peut pas être acheté, juste gagné honnêtement. Mais lorsque vous en bénéficiez, ça devient alors extrêmement puissant pour votre business en ligne.

Et c'est exactement l'intérêt des tunnels de vente sociaux.

Quand des gens sont sur votre liste et que vous leur offrez des cadeaux gratuits et de l'information utile, vous les nourrissez, vous leur donnez un peu de vous-même.

Et ensuite, ils expriment leur intérêt en téléchargeant un cadeau gratuit, vont sur une série d'engagement et achètent un produit.

Ensuite, vous leur offrez de les élever au rang d'acheteurs multiples en leur proposant des produits complémentaires par exemple avec un prix réduit, au travers de votre liste d'élévation. Ils achètent alors un deuxième produit chez vous.

A ce stade, vous avez des personnes en position de vous référer à leur amis. Et lorsque ça arrive, il se produit des choses très puissantes.

Et ça peut vous arriver aussi si vous utilisez le type de tunnel de vente social que vous venez de voir dans cette formation.

Vos clients vont alors vous référer à leurs amis par leur simple bonne volonté, sans avoir besoin de les appâter par des commissions élevées ou tout autre moyen.

Ceci termine ce quatrième et dernier module. Vous savez désormais exactement comment construire votre tunnel de vente social grâce au processus en six étapes que vous avez vu.

Vous avez également vu les trois objectifs que remplit ce nouveau type de tunnel de vente, et qui fonctionne aujourd'hui contrairement aux anciens types de tunnels qui ne convertissent plus ou presque plus.

Il reste à terminer cette formation au travers d'une conclusion à la page suivante.

CONCLUSION.

Au travers de cette formation, vous avez pu mettre en place un tunnel de vente social qui va vous permettre d'obtenir des taux de conversion record en comparaison avec les anciens tunnels de vente qui ne convertissent plus ou presque aujourd'hui.

En effet, c'est ce type de tunnel de vente qui fonctionne à l'heure actuelle, car les prospects sont devenus des consommateurs de contenu.

Ils aiment avoir de l'information de qualité et ils aiment pouvoir choisir l'information qu'ils souhaitent consommer sans qu'on la leur impose.

C'est aussi le type de tunnel de vente qui fonctionne aujourd'hui car avec l'explosion des réseaux sociaux, le bouche à oreille est devenu roi et se répand aussi vite qu'une trainée de poudre en vous apportant la meilleure qualité de trafic possible, et gratuitement.

En effet, votre tunnel de vente social, de part la qualité du contenu et les cadeaux gratuits à répétition que vous allez offrir, va créer une bonne volonté chez vos prospects et clients qui vont devenir vos ambassadeurs auprès de leur amis, à une vitesse qui va certainement vous surprendre.

Vous avez désormais tous les outils nécessaires pour créer ce type de tunnel social (si vous ne l'avez pas encore fait lors du processus de construction dans le module 4).

La beauté de la chose c'est que désormais, vous possédez la procédure exacte pour créer rapidement et facilement autant de tunnels sociaux que vous le voulez, pour n'importe quel marché de niche. Vous pouvez même proposer vos nouvelles compétences comme service.

A terme, vous allez pouvoir créer cinq, dix ou cinquante types de ces tunnels. Ils seront autant de sources de revenus qui rentrent dans votre compte en banque de manière totalement automatique, pendant que vous faites autre chose.

Voici un dernier conseil pour les messages que vous allez rédiger. Vous pouvez tout à fait les garder courts. Ecrivez-les comme si vous écriviez à votre meilleur ami.

Plus vos messages seront personnels, plus vous serez vous-mêmes, et plus ça sera efficace.

Ecrire dans un français parfait ou avec une ponctuation parfaite n'est pas vraiment ce qui est important quand il s'agit de vendre des produits en ligne.

Le coeur d'une personne qui en touche un autre, voilà ce qui vend des produits en ligne.

Je vous souhaite tous mes voeux de succès avec les tunnels de vente sociaux et vous dis à bientôt, j'espère, dans une autre formation.

A PROPOS DE L'AUTEUR.

Rémy Roulier est un ancien ingénieur informatique et responsable marketing dans une multinationale. Il est aujourd'hui digital nomad et voyage partout dans le monde, et a acquis depuis plus de dix ans une véritable expertise dans le marketing internet et le développement personnel.

Il partage aujourd'hui ses outils et son expérience pour permettre aux autres d'atteindre également leur indépendance financière et de façonner leur vie telle qu'ils la désirent vraiment.

CRÉATIONS DU MÊME AUTEUR.

Retrouvez mes nombreuses créations directement sur Amazon.

En voici aussi quelques-unes qui peuvent vous servir :

TITRES QUI VENDENT:
DANS 47 MINUTES VOUS ECRIREZ DES TITRES FACEBOOK, ADWORDS, BLOG, PAGE DE VENTE, EMAIL COMME UN PRO DU COPYWRITING!
Découvrez les secrets et les 101 meilleurs templates pour créer des titres chocs qui vont vous rapporter (très) gros, et acquérir les compétences des meilleurs copywriters en seulement 47 minutes!

ECRIRE UN EBOOK IRRESISTIBLE EN UN WEEK-END:
LA NOUVELLE METHODE POUR ECRIRE UN LIVRE QUE LES LECTEURS ADORENT, PRET A VENDRE LUNDI MATIN.
Laissez-vous guider par une procédure simple et d'une efficacité redoutable pour créer en seulement un week-end un ebook que les gens vont s'arracher, même si vous n'êtes pas expert dans un domaine.

DEVENIR RICHE EN 42 JOURS:
LA METHODE PAS-A-PAS POUR.GAGNER DE L'ARGENT SUR INTERNET ET
VIVRE SES REVES EN PARTANT DE RIEN.

Une méthode prouvée qui vous guide pas-à-pas et vous permet d'atteindre votre indépendance financière en 42 jours grâce à Internet, même si vous démarrez actuellement de rien. Un must à ne pas manquer.

VOTRE PREMIER SMIC SUR INTERNET EN 72 HEURES:
LE SYSTEME INEDIT LE PLUS RAPIDE POUR GAGNER DE L'ARGENT SUR
INTERNET QUAND ON N'A PAS LE TEMPS ET GENERER 1200 EUROS EN 3
JOURS SANS CREER DE PRODUIT.

Une méthode inédite pour générer vos premiers 1200 euros en ligne en seulement 3 jours et sans créer de produit. A posséder absolument pour tous ceux qui n'ont plus le temps ou qui ont déjà tout essayé pour gagner de l'argent sur Internet. Cette méthode va tout changer.

www.ingramcontent.com/pod-product-compliance
Lightning Source LLC
Chambersburg PA
CBHW060406190526
45169CB00002B/770